LES
COUTUMES DE L'ASSISE.

(Extrait de la *Revue historique de droit français et étranger,*
numéro de janvier-février 1866.)

PARIS. — TYPOGRAPHIE HENNUYER ET FILS, RUE DU BOULEVARD, 7.

LES
COUTUMES DE L'ASSISE

ET LES TERRIERS DE 1573 ET DE 1742

Publiés pour la première fois

PAR

M. ED. BONVALOT

Conseiller à la Cour impériale de Colmar

PARIS

AUGUSTE DURAND, LIBRAIRE

RUE CUJAS (ANCIENNE RUE DES GRÈS), 7

ET RUE TOULLIER, 1

—

1866

LES COUTUMES DE L'ASSISE.

Dans la division de l'ancienne France, le comté de Belfort comprenait quatre districts : les prévôtés de Belfort et d'Angeot, le bailliage de Rosemont, et la grande mairie de l'Assise [1].

Cette grande mairie était elle-même subdivisée en deux mairies : la mairie de l'Assise sur l'eau et la mairie de Chèvremont. La première, longeant les bords de la rivière la Savoureuse, se composait des villages d'Andelenans, Damjoutin, Dorans, Trétudans, Sévenans, Leuppe et Moval [2]; la deuxième, plus rapprochée des rives de la Madelaine, était formée des villages de Chèvremont, Bessoncourt [3] et Petit-Croix.

Cette seigneurie de l'Assise appartint successivement aux princes de Montbéliard, aux comtes de Ferette, aux archiducs d'Autriche et à la famille de Mazarin [4].

Elle avait ses coutumes particulières remontant à une haute antiquité, *extraites mot à mot en 1596 du vray original fort vieil*, par le notaire Vernier, de Trétudans, *retraduites et renouvellées* successivement en 1641 et 1678, par le grand maire de l'Assise, Thomas-Chardouillet. On en faisait annuellement la lecture à tous les sujets de la seigneurie réunis, à Chèvremont, le premier dimanche après Pâques, le jour de Quasimodo, pour la tenue du maître plaid (*magistrale plebiscitum, maparius, malpardus, meisturisding*) [5].

Je publie pour la première fois le texte de ces coutumes d'a-

[1] En allemand *Essis*.

[2] Sévenans, Leuppe et Moval, villages peu importants, furent échangés par Mlle de Duras avec M. Noblat. Voir Horrer, *Dictionnaire de l'Alsace*, v° ASSISE.

[3] La moitié de Bessoncourt appartenait à la seigneurie de l'Assise; l'autre faisait partie de la seigneurie de Rougemont et appartenait, en 1789, au prince de Broglie.

[4] Schœpflin-Ravenez, *Alsace illustrée*, IV, p. 118 et 133; et l'introduction de nos Coutumes annotées du val de Rosemont, in-8°, Paris, Durand, 1866.

[5] Cf. Grimm, *Weisthümer*, III, p. 617. Constitution de Monre (Thuringe), anno 1264.

près un manuscrit [1] déposé aux archives départementales du Haut-Rhin (fonds Mazarin, L. 14 à 18).

Je joins à ce texte, pour lui servir de commentaire, deux pièces également inédites et tirées du même fonds.

La première est la description de la seigneurie de la Grande Assise, faite en 1573 sur l'ordre de l'archiduc Ferdinand [2]. La traduction française de cette pièce est malheureusement incomplète, et je n'ai pu rétablir les *desiderata* par le texte allemand, dont je n'ai trouvé que les deux premiers feuillets dans les archives. La lacune me semble, du reste, peu importante.

La deuxième est le Terrier dressé en 1742 d'après le vœu de Mlle de Durefort de Duras. Je ne rapporte que la partie relative à la mairie de Chèvremont, parce que je n'ai pas découvert celle concernant la mairie de l'Assise sur l'eau. D'un autre côté, l'eussé-je rencontrée, la publication de ces deux documents, bien certainement identiques, eût allongé cette étude sans y apporter une lumière vraiment nouvelle.

Ces deux documents sont d'utiles auxiliaires pour l'intelligence et l'interprétation du Coutumier. Ils nous fournissent en outre un précieux contingent de renseignements sur d'autres points.

L'Urbaire de 1573 relate à cette date le nombre des feux existant dans la seigneurie, le chiffre des hommes propres au service militaire, ainsi que des charrues ou chariots pouvant accomplir les corvées [3], le montant des revenus de chaque communauté, la manière dont s'effectue chaque espèce de corvées, la nature précise des impôts, contributions et redevances seigneuriales tant annuels qu'accidentels, la quotité et la dévolution des différentes amendes. Il rapporte des détails sur le règlement de la justice ordinaire, la composition et la hiérarchie des juridictions, sur les appels, et surtout sur la tenue de cette justice spéciale et annuelle appelée le *maparius*. Il nous apprend que deux procureurs servaient les parties devant cette justice extraordi-

---

[1] Ce manuscrit porte la date de 1716.

[2] Archives du Haut-Rhin, C. 32. — Il existe, dans les archives du Haut-Rhin, deux autres descriptions de la seigneurie de l'Assise ; l'une en date de 1533 (fonds de la Régence, 588) et l'autre en date de 1665 (fonds Mazarin, L. 14 à 18). Elles sont toutes deux beaucoup plus sommaires que celle de 1573 : c'est pour ce motif que nous rapportons seulement cette dernière.

[3] Voici ces nombres et ceux de l'année 1665. On verra dans ce tableau,

naire. Il détermine le nombre et la circonscription des paroisses. Il précise l'étendue du sol forestier, ainsi que les usages des sujets aux chauffage, marronnage, glandage et pâturage. Il enseigne que, le *cours des rivières* appartenant à la seigneurie, le *cours des ruisseaux* reste au contraire la propriété des communautés. Il règle la chasse partout et sans discussion suivant les ordonnances archiducales de 1557. Il indique quelle est la condition des sujets étrangers habitant le territoire de la grande mairie, et notamment de ceux qu'y possèdent les maisons de Belchamp à Dorans, et des Hohenfirst à Fontenelle. Il nous révèle l'esprit pacifique de ces populations, qui n'ont différend ni avec leur seigneur, ni avec leurs voisins, à l'exception des gens de Sévenans, lesquels contestent à ceux de Bermont les limites de leur finage ; leur dévotion particulière à saint Beule (Paul?), auquel on allait, par un pèlerinage à Damjoutin, demander la guérison des enfants malades ; enfin, la faible constitution physique des habitants de Chèvremont, qui étaient obligés de se mettre deux pour conduire la charrue.

Le Terrier de 1742 , rapproché de la Coutume et de la Description de l'Assise, marque les changements que le seigneur a apportés ultérieurement à la constitution primitive de son domaine et à l'état de ses sujets.

En comparant ces trois textes entre eux et en les rapprochant

par la comparaison des chiffres, quels ont été les résultats désastreux de la guerre de Trente ans. On ne compte plus que **92** au lieu de **177** habitants:

Communautés.	Habitants.		Feux.		Hommes capables de porter les armes.		Manou-vriers.		Chariots ou charrues.	
	1573	1665	1573	1665	1573	1665	1573	1665	1573	1665
Andelenans.	17	6	17	5	17		10		27	8
Bessoncourt.	12	2	12	2	»		»		»	2
Chèvremont.	57	16	42	16	57		27		19	16
Damjoutin.	20	12	20	12	27		10		13	8
Dorans.	14	15	14	15	14		»		21	13
Leuppe.	3	1	3	1	3		»		2	»
Moval.	4	2	3	2	4		»		3	2
Petit-Croix.	12	13	12	13	»		»		»	10
Sujets de Reinach. .	»	5	»	5	»		»		»	»
Sévenans.	9	5	7	5	9		»		7	4
Trétudans.	27	13	23	13	27		4		16	8
Fontenelle (sujets).	2	2	»	»	»		»		»	»

des notes qui accompagnent les coutumes d'Orbey et surtout de Rosemont, le lecteur se fera aisément sur chaque point une idée exacte de la dernière situation juridique de cette grand mairie.

COUTUMES

DE LA SEIGNEURIE DE L'ASSISE.

Les statut et observation de Lasize tant de la mairie de Dorant que celle de Chevremont qui se doit lire et faire entendre lorsque lon tien la justice appelé le MAPARIUS [1] *une fois lan tant en la mairie de Dorans que celle de Chevremont.*

Renouvellé par moy, THOMAS CHARDOUILLET, *grand maire de laditte Assize, ce premier jour du mois de may* 1678.

PREMIÈREMENT a esté declairé que la taille du souverain ce payera tous les ans deux fois, à chaque fois cinquante solz ; mais quand il y survient orualle de temps et de guerre, lors il y avoit de la considération.

2° Secondement il a esté dit que tous ceux de laditte Assize que tienne fond payeront au seigneur une géline à carême entrant.

3° Item que tous les subjects de laditte Assize sont obligé d'aller une fois l'an à la chasse, lors qu'un châtelain, ou celuy qui on charge, les commandera à leurs mission.

4° Item que les subjects de laditte grandmairie ne sont obligé de faire aucune corvée, sinon que le seigneur fit à batir aux chataux de Belfort, lors attenus daider à charier les bois selon leur pouvoir.

5° Item sont attenus lesdits de l'Assize d'aider à charier les bois du moulin de Dampjustin pour le rédifier. Mais quand il falloit une meule ou autre pierre semblable, le seigneur du moulin est obligé de les acheter, et lesdits de l'Assize attenu les amener, à leur dépend, jusque dans le moulin, et en considération de ce, le munier est obligé de les moudre et expédier devant tout autres.

6° Item a esté declairé par les prudhommes, manans et habitant de l'Assize, n'avoir jamais permis nul banvin, ains doive vendre le vins à la pinte de l'huile à prendre sur le patrons de léglise de Chevremont.

---

[1] La description de la seigneurie orthographie tantôt *mal par jus,* tantôt *mal par dus,* p. 64 et 74.

7º Item est dit aussy n'avoir point de four banal ny rivière banalle. Ainsy peuve pêcher ès rivières de laditte Assize pour leurs vivre en leurs maison.

8º Item de mesme que le seigneur ny austres n'ont point de pennage dans les bois de l'Assize ou villages ny d'amende, parceque le bois dépend de laditte Assize.

9º Item que le seigneur n'a point d'amende dans laditte Assize que par un plainteur.

10º Item de mesme que le seigneur n'a point de grosse amende que de 72 solz, sçavoir 60 pour le seigneur et 12 pour le plainteur.

11º Item quand ès petite amende de sept solz, le grand maire en a quatre, la justice trois. Pour d'autres amendes, il n'y en a point d'autres, sauf le crime.

12º Item que de tout temps passé un grand maire de l'Assize mouloit au moulin de Dampjustin sans mesure, et nul autre n'en doit être exempt.

13º Item le jour de la feste de Froideval doit par chacun an estre fait audit lieu de la part de monseigneur une défense et commandement par un grand maire de l'Assize, ou par son sergent, sur peine de dix livres damende, que nul ne trouble la feste pour esviter désordre, dispute et débat.

14º Item de mesme le jour de la feste de Froideval doit avoir un grand maire pour et au nom de monseigneur audit lieu, et avec luy un sergent, et avec eux trois ou quatre hommes des plus apparents de laditte Assize pour garder partout et prendre garde qu'aucun tort ne soit fait aux religieux, et a ledit grand maire et ceux qu'il aura leurs réfections raisonnables.

15º Item doit avoir un grand maire et les jurés de laditte Assize d'un chacun hoste, qui veut vendre vin le jour de la feste dudit Froideval, un cartal de vin à ce que tort ne soit fait audit hoste.

16º Item le grand maire et les jurés de laditte Assize sont obligés chacun an tenir le maparius le premier dimanche après Pasques, auquel jour ce doit rapporter tous les bons droicts et anciennes coutumes à raison de tenir justice que l'on tient conséquitivement ; et les droict et faculté de justice ce doivent comme de tout temps estre lus. Cest toujours observé, puisque cest une ancienne coutume et un droit estably par les souverains.

17º Item ce peut adjourner l'un l'autre pour ledit jour pour quelque demande ou querelle qu'ils ayent par ensemble, et il y faut répondre sans faire aucun deffaut sur peine d'y estre contraint par voye et contrainture de justice.

18º Item ne doivent lesdits de l'Assize, ny de Chevremont, nulle fois estre adjournés pour dettes en laditte justice, sinon et excepté le jour du maparius, pourvu que celuy qui les voudra faire adjourner eusse des gages suffisamment pour le mérite de son cas.

19° Item que sy un estrangé ou autres sentrebatoit l'un l'autre au lieu auquel lon tient la justice du maparius, iceux seront obligé de répondre par devant le grand maire de laditte Assize, lequel en doit avoir la cognoissance.

20° Item que pour le jour du maparius ne se peut ny doit faire aucune appellation après un jugement donnez sans y avoir autre terme.

21° Item ledit jour du maparius, ou le lendemain, le grand maire et les jurés de justice sont attenus de visiter les pintes des hoste qui veut vendre en toutte la grand mairie. Et s'il y en a qui soient trop petittes, iceux seront amendables à monseigneur de soixante solz et au grand maire et au juré douze solz.

22° Item ne doivent lesdits hostes de laditte Assize vendre le vin plus qu'à Belfort, que ce ne soit par le consentement exprès du grand maire et des jurés, autrement il seroit amendable.

23° Item que l'on ne doit point mener les gages desquels lon gageroit lesdits de l'Assize pour dettes quils doivent en laditte Assize. Ains se doivent mettre en hostage à prins ou usage par la justice dudit lieu, sans en avoir autres journeez, hors dudit lieu, sinon qué par appellation que ce pouvoit faire sur le jugement desdits jurés.

24° Item touttes et quantes fois que protestation ce fait en laditte justice, celuy qui la fait doit incontinent mettre plaiges et prix pour relever son appellation devant dix jours à onze nuits, et la doit prendre par escript à ses frais et mission. Et sy on la refuse lon la doit porter pardevant messieurs les officiers de Belfort par un renouvellement fait par la Cour souveraine de Brisach, depuis lesdits sieurs officiers dudit Belfort à la Cour souveraine de Brisach, et ce rapporter le meilleur jugement dans 40 jours, à compter dès le lendemain que lon auroit fait laditte appellation ou protestation, ou sinon celuy qui avoit ainsy appellé seroit amendable à mondit seigneur à l'amende de 60 solz et ès juré qui auroit donné la présente sentence 12 solz.

25° Item touttes et quantes fois que appellation ce relevant en laditte justice de l'Assize et grand mairie ne la doit point sellé jusqua autant quelles soient premièrement relevé pardevant les jurés, afinque le droict et action dautrui et d'un chacun y soit méritoirement gardé et préservé, et pour y mettre en ostages sy besoing fait.

26° Item touttes et quantes fois que lettre et passement ce donne et octroye par la justice et jugement des jurés, elle doit estre mise par escrit et rapporté pardevant lesdits jurés, pour cette esfect un grand maire de l'Assize la peut sceler et cacheter, et a pour son droict un cartal de vin, et ledit juré un autre cartal sans conster les escripture et expédition.

27º Item sont attenus et obligé aussy aulcun subject de laditte Assize tant à Chevremont que à Bessoncourt, de payer à mondit seigneur certaine cense tant d'argent, chappon et géline, comme aussy de mesme en laditte Assize sur l'eau que l'on a toujours relevé.

28º Item doivent et sont attenus lesdits de l'Assize, tant à Dampjustin que à Chevremont, de payer chacun année des cartattes davoine que mondit seigneur a en laditte Assize, que un grand maire de l'Assize a toujours joui paisiblement dont il y a longtemps et cédé par le souverain par vertu de sa charge de grand maire.

29º Item il sy retrenne aussi qu'un grand maire de l'Assize a longtemps jouy et heu sur le dixme de Chevremont et Bessoncourt 60 solz par an ensemble des dixmes cédé par le seigneur.

30º Item ont veu lesdits habitans longtemps quun grand maire de l'Assize peuvoit et avoit puissance de mettre un sergent au lieu de Chevremont et en laditte Assize, tant pour tenir justice comme pour recevoir les tailles et censes de mondit seigneur sil lui plaisoit, sinon la percevoit encore de luy-même sans y mettre nul autre, et a toujours jouy ledit grand maire de tout droict tant des petittes amendes quautres choses, comme cartal de vin, institution de pupille, lettres de sentence et passement, et autres droicts dépendant de sa charge.

31º Finallement peuvent et veuillent lesdits prudhommes de toute laditte Assize, et autres villages dépendant dicelle, hériter lun lautre jusques la neufvième génération, toujours le plus proche, sans nul contredit, et par mondit seigneur, nul cens sur eux à cause du trépassement de quelle personne que ce soit ny vieil ny jeune, excepté sur les batards et batardes que mourront sans hoirs de leurs corps en mariage lesquels mondit seigneur hériteroit.

Les présentes ordonnances et statut de l'Assize sont estées extraicts de mot à mot le plus intelligiblement possible que lon a peu faire et colationez du vray original fort vieil, par Antoine Vernier de Trétudant, notaire, à la requéte de Hugonin Courlas de Sévenans, et pour lors grand maire de l'Assize, que fut à Trétudant le 22ᵉ janvier 1596.

ET DU DEPUIS LES PRÉSENTES STATUT ET ORDONNANCES SONT ESTÉ RETRA-
DUITES ET RENOUVELLEZ PAR MOY SOUBSCRIT GRAND MAIRE DE L'ASSIZE, QUE
FUT A BELFORT CE 17ᵉ JANVIER 1641. *Attesté :* THOMAS CHARDOUILLET,
AVEC PARAFFE.

La présente coppie a esté extraite et transcrite sur une autre coppie bien et duhement colationez par ce tabaillion soubscrit, à Belfort, ce 18ᵉ septembre 1697. Atteste JACQUES CUENIN, *tabaillion.*

DESCRIPTION
DE LA SEIGNEURIE DE L'ASSISE
EN 1573.

Cette seigneurie appartient au souverain prince archiduc Ferdinand d'Autriche, comme régent et prince du pays, avec toutes justices et sans aucunes conditions.

Et est à sçavoir que cette seigneurie est divisée en deux mairies, sçavoir : une partie ou justice de l'Assize sur l'eau, et l'autre la mairie de Chevremont, comme cy-après lesdittes deux justices avec les villages et subjects en dépendants seront descripts.

La seigneurie de Belfort y a estably un grand maire, lequel est constitué et ordonné sur cette seigneurie et les deux justices, et tient en nom de la seigneurie en icelle le sceptre.

Il s'y tient à Chevremont une justice tous les quinze ou tous les huit ours, selon que la nécessité le requiert, et ordinairement un lundy, à laquelle toutes actions et causes qui se font en laditte mairie se doivent justifier, et y est procédé, comme cy après sera dit, en la description de Chevremont.

Dans la justice de l'Assize sur l'eau y est aussy procédé, comme cy après sera dit, et aussi à sçavoir qu'est deux justices de l'Assize sur l'Eau et Chevremont se tient annuellement une justice particulière nommée le *mal par jus*, de laquelle sera aussi cy après descláré, et la seigneurie, dans ces deux justices, a toutes les amendes touchant les actions criminelles, quand, dans cette seigneurie, quelqu'un fait quelque délit ou qu'il commet choses criminelles.

Dans cette seigneurie, il n'y a point de signe patibulaire ; mais sy quelquun, par quelque délit ou faute criminelle, est fait prisonnier, est rendu et mené à Belfort, et, suivant ses desmérites, est puni par la seigneurie et suivant l'estat du crime, et par la seigneurie remis entre la justice des Vingt-Quatre, estre fait justice et exécution faitte à Belfort en la place ordinaire, cette justice est estably comme de coutume et selon qu'il est marqué en la description de Belfort.

Subjection. Les subjects doivent à la seigneurie comme cy après dans la description de chaque village.

Au temps de guerre, tout subjects de cette seigneurie de l'Assize sont obligés de se rendre toutes et quantes fois quand on les requiert, et de se présenter au château (de Belfort) bien armez et suivant le relevé et la resgistrature des subjects, à peine d'indignation et d'estre séverement puny, et là attendre les ordres pour la garde du château.

Dans cette seigneurie de l'Assize, la ville de Belfort y a quelques bourgeois, lesquels en ces cas sont obligés au commandement des bourgeois de Belfort.

Pour les batiments de la seigneurie, chaque subject de cette seigneurie est obligé de faire toute crovée avec chevaux, charriots et à bras, soit pour le château ou autres batimens et tant que besoin fait.

Chaque subject de cette seigneurie est obligé en toute nécessité de faire la garde du château, et peut la seigneurie en prendre tant qu'elle veut pour la nuit; à l'encontre on leur donne sur le vespre du pain et du potage.

Les subjects de cette seigneurie sont obligez de faucher annuellement huit jours soit en foin et regain. Ils ne sont point obligez de foiner ni au foin ni au regain.

Chaque subject est aussy obligé de faire un jour de charrue pour le service de la seigneurie soit avant, soit après l'hiver.

Ils ne sont point obligez de moissonner ny damener au logis.

Toute cette seigneurie est obligée d'aller moudre au moulin banal d'Amjuntin. Ce moulin appartient au chappitre de Belfort. Le moulin rapporte ordinairement par admodiation audit chappitre annuellement treize bichets de froment. Chaque subject de cette seigneurie donne au mounier, pour l'entretien de l'escluse, un coupot de froment, mesure de Belfort. Ils sont aussi obligez de payer ou d'aller quérir les pierres du moulin.

Biens de la seigneurie. Les biens que la seigneurie de Belfort possède dans l'Assize sont marquez dans le livre rouge et sont relaissez annuellement.

Les Rivierre. Dans cette seigneurie de l'Assize, y a une rivière appelée *l'Assize.* Commence à la fin du finage de Belfort et finy vers Trétudans, au voyhay Bruat. Est annuellement relaissée, de la part de la seigneurie, environ huit ou neuf livres. La seigneurie y peut faire pescher quand bon lui semble. Toute la seigneurie ou tous les subjects en dépendants y ont droit de pesche, seulement pour leurs nécessités. Et les admodiateurs d'icelle la peuvent relaisser à d'autres par canton. Quand quelqu'un est amendable, l'amende revient à la seigneurie de Belfort.

Tailles et redevances seigneuriales. Taille. La seigneurie de l'Assize donne avec Chevremont annuellement à la seigneurie et à deux termes cent livres; de quoi ceux de l'Assize sur l'eau en payent les deux tiers et Chevremont l'autre tiers.

Contributions. Quand on fait quelques impôts, l'Assize sur l'eau en paye les deux tiers, et Chevremont l'autre tiers.

Umgeld. Ils n'ont point d'Angal.

Mauvais denier. Le mauvais denier est relevé sur l'Assize sur l'eau.

Banvin. Le banvin vaut à la seigneurie de Belfort annuellement.....

(*numerus desideratur*) et cette somme est répartie sur tous les subjects de la seigneurie de l'Assize.

Pour le bois. La seigneurie de l'Assize donne annuellement pour le bois à la Saint-Martin..... (*numerus desideratur*).

Épaves. Tout ce qui est trouvé en cette seigneurie appartient à la seigneurie de Belfort.

Vaux (Phal). Ils ne sont obligez à aucune vaux.

Droit d'héritance. Tout estranger d'autres seigneuries qui hérite dans l'Assize doit pour une reconnoissance à la seigneurie un florin.

Droit de retrait. Quand quelqu'un vend quelque pièce, son plus proche parent a le retrait jusques au neuvième degré, même quand quelqu'un estant hors du pays lors du vendage, revenant au pays, peut avoir la retraction quand bien l'année sera expirée. — Quand aussy quelque étranger vend et que les parens ne veulent retraire, la seigneurie a droit de retraction. — Quand quelqu'un meurt sans hoirs de son corps, la succession tombe et est échue au souverain prince.

Chasse. Quand on adverty les subjects de cette seigneurie, ils sont obligez de chasser et tenir les hayes pour le service de la seigneurie.

Suit la description spécialle de l'Assize sur l'eau, les villages en dependants : Damjuntin, Adelenant, Dorant, Trétudans, Sévenans, Leuppe et Moval; subjects qui sont dépendants de cette seigneurie assidz et habitant dans d'autres seigneuries; l'office du maire et de la justice et des amendes de l'Assize.

Office du maire. Dans cette Assize, la seigneurie de Belfort y establiy un officier nommé *soubmaire.* — Celui-cy fait, de la part de la seigneurie, toutes défenses et ordonnances. — Pour une citation, il a deux rappes.

De la justice. Il y a une justice ordinaire qui se tient dans un des susdits villages, au plus commodément et à la volonté du grand maire, et se tient ordinairement au mardy à chaque quinzaine, ou toutes et quantes fois la nécessité le requiert. Cette justice est composée de neuf juges choisis de toutes parts dans l'Assize. — Ils sont aussi deux procureurs qui ne doivent aucun jugement, mais sont gens de la seigneurie et par icelle assermentez à cause de leur charge.

Des appels. Les appellations depuis ladite justice vont par-devant neuf bourgeois et conseillers de Belfort; de là par-devant les officiers de la seigneurie; en après vont à Ensisheim, par-devant la régence; et depuis à Inspruck.

Quand une partie appelle, elle doit, pour l'escripture et revue de l'appellation aux juriez, une honneste refection.

L'appellation se rachette par un grand maire, et de chaque appelant reçu, il a un cartal de vin selon que le vin couste.

Quand quelqu'un appelle, et qu'il ne poursuit son appellation ou la laisse périr, est amendable de trois livres, de quoy revient à la seigneurie deux livres quinze sols, et aux juges cinq sols.

Quand on escript une appellation, il faut que les deux parties soient présentes, et l'appellé ne paye que pour luy et son procureur.

Des amendes. Toutes les amendes qui se font dans l'Assise et qui s'adjugent dans cette seigneurie appartiennent à la seigneurie de Belfort. — La grosse amende de trois livres qui est adjugée, en advient à la seigneurie deux livres quinze sols, aux juges cinq sols et aux parties rien. — La petite amende de sept sols, de quoy advient au grand maire quatre sols et aux juges trois sols.

Plus un grand maire a, pour toute expédition ou inventaire de veuf ou pupille, quatre pots de vin, mesure de Belfort, et au prix que le vin se vend ; de même y a autant pour escriture de sentence qui est scellée. — Il y a aussy pouvoir quand veullent descrire la sentence; mais les parties ne sont point obligéez de luy laisser escrire ainsy, despendent d'eux, et de celle a aussy son sallaire. — Le grand maire a aussy à Dorant six quartes et demy d'avoine, toutefois à la mesure que cinq quartes font un carry d'Allemaigne. — Il a aussy, à Damjuntin, neuf quartes d'avoine, même mesure. Ainsy la grange de grand maire, par commune année, peut valoir 60 ou 70 livres.

Après suit la description particulière des villages de l'Assize sur l'eau.

DAMJUNTIN.

Ce village est situé et appartient en toutes justices à la seigneurie de l'Assize. Et voici ses comfronds : Belfort, Pérouze, Vézelois, Méroux, Andelenans, Baviliers.

Revenus. Il a de revenus annuellement environ 6 livres.

Nombre des habitans, feux et charrues. Dans ce village sont 20 feux, sans la cure. Chaque feu donne une poule. — Sont 3 chesaux, qui ne donnent rien. — Dans ce village sont 27 hommes portant armes. — Il y a 13 charrues qui peuvent servir à la seigneurie. — Il y a 10 manouvriers qui n'ont ny chevaux ny charriots.

Dixmes. Le dixme, compris celui d'Andelenans, se monte communément et annuellement à 30, 31 ou 32 bichots, et se partage comme suit : Le curé de Damjuntin prend partout dans ces dixmes la moitié ; d'autre moitié, la seigneurie d'Essert en prend une moitié ; de l'autre de ladite moitié le chapelain de Sainte-Catherine à Belfort en prend trois bichots deux quartes, la chapelle de Saint-Georges de Trétudant deux bichots, et le reste appartient aux Trungunerre de Wolhausen.

Novales. Les novales appartiennent au prince et reviennent par commune année à 5 ou 6 quartes.

Touchant le service divin. Il y a aussy dans ce village de Damjuntin une église parochiale, et ceux de Damjuntin et Andelenant y sont paroissiens. Il y a deux ménandiers estably qui doivent rendre compte par-devant l'officier de la seigneurie. — Ce curé a environ 7 livres 13 sols 1 denier et est collateur d'icelle. — Dans ce finage de Damjuntin y a aussy une chapelle Saint-Beule. Là se font des voyages pour des enfants malades, et après on les lave dans une fontaine proche dudit village et on les laisse tout seuls dans une caverne quelque peu de temps et beaucoup par cette voye se sont trouvés guerry.

Forrests et bois. Dans ce finage il y a un petit bois daitey appelé le *Revenu Esclus*, un petit bois de chaisne la Vaivre, — plus un petit bois de chaisne dit *Esrusses* et bien espes, — plus, contre Belfort, il y a un hault avec des petit bois et avec beaucoup de chacnes et d'aiteys dans lequel ce village a pouvoir de s'affouer. — Quand quelqu'un veut bâtir, on luy donne bois honestement.

Chasse et haye. Cy-devant dans le bois et bures y avait une petite haye. Depuis environ 50 ans elle n'a esté faite. Elle est fort petite. La chasse appartient au prince.

Penage ou glandage. Quand il y a du glandage, ceux de Damjuntin en jouissent, sans qu'il y ait jamais été contredit. L'amende appartient aussy audit village.

Rivierre. La rivierre de l'Assize est relaissée come cy-devant est noté.

Subjects d'autres seigneuries audit Damjuntin. Il n'y en a point.

Différends et débats. N'en ont point.

ANDELENANS.

Ce village d'Andelenans dépend immédiatement de l'Assize en toute haute, moyenne et basse justice, et voici ses confronds : Damjuntin, Vézelois, Méroux, Leuppe, Sevenans, Argiessans, Baviliers.

Revenus. Le village a de revenus de biens communaux annuellement environ 8 livres.

Nombre des habitants, feux et charrues. Dans ce village sont 17 feux et hommes capables de porter les armes, 27 charriots ou charrues qui peuvent servir à la seigneurie, 10 manouvriers, et chaque feu doit à la seigneurie annuellement à la Saint Martin une poulle.

Dixmes. Est à noter dans la description de Damjuntin et sont realisez conjointement.

Novales. Point.

Concernant la justice. Tous les habitants de ce village sont obligez de faire les demandes et de répondre à la justice de l'Assize.

Service divin. Sont paroissiens de Damjuntin.

Forrests et bois. Dans ce finage y a un bois devers Sevenans et sont bois de chaisne, — plus devers Damjuntin un petit bois dit *Sur les Costé,* — plus devers Froideveaux un jeune bois de chaisne; de ces bois ils s'affouagent de mort bois et de bois abattu.

Quand on veut bâtir, la communauté luy donne une quantité de bois honnête.

Chasse et hayes. La chasse appartient au seigneur, et n'y a point de haye.

Penage. Le glandage appartient aux subjects, mais ils n'en ont point en suffisance; ains on est obligé de mettre leurs cochons autre part.

Rivierre. La rivierre de l'Assize passe par le finage, mais est relaissez comme devant est dit.

Subjects étrangers audit Andelenans qui sont à d'autres seigneurs. Il n'y en a point.

Différens et débats. N'en ont point.

Il y a dans le finage dudit Andelenans une église et maison à l'ordre de saint Antoine nommée *Froidevaux,* et est cy après dit son état[1].

---

[1] Cet état ne se trouvant pas dans la description, nous suppléons à la lacune de ce document par les indications suivantes tirées du fonds Mazarin, L. 7, 14 à 18.

A Froideval existait une église où étaient déposées les reliques de saint Antoine et un hôpital où trouvaient asile les pèlerins et les malades qui venaient réclamer l'intercession de ce saint. Cette église et cet hôpital tombaient en ruine, quand, en 1459, Pierre de Morimont, engagiste de la seigneurie de Belfort, fonde à côté un prieuré en faveur des Antonites, et le dote richement avec l'agrément de l'archiduc Sigismond d'Autriche. En effet, il accorde à cet établissement : 1° la pêche avec tous instruments depuis la rivière de Bavilliers jusques à la fontaine sous Bermont; 2° la faculté de construire un moulin sur la rivière en tel endroit que bon lui semblera, sans préjudice des moulins seigneuriaux; 3° deux cents journaux de bois pour son entretien; 4° la faculté de prendre dix fauchées de pré où il pourra les trouver dans la seigneurie; 5° le droit d'entretenir à Froideval six hommes qui seront soumis à la justice du seigneur, qui lui payeront chacun douze deniers balois à la Saint-Martin d'hiver, et qui pour tout le reste relèveront du prieuré; 6° la faculté de vaine et morte pâture sans aucune redevance sur les lieux environnants, notamment sur les finages de Botans, Dorans, Bermont, Trétudans, Sévenans, Andelenans, Damjontin, Bavilliers, Banvillars et Argiésans; 7° des usages en bois de chauffage et de construction, en grasse et vaine pâture, dans la forêt de la terre de Buc et dans les forêts environnant le prieuré, à charge de célébrer chaque semaine deux messes pour le salut des âmes des archiducs d'Autriche pré-

DORANS.

Le village de Dorans appartient en toutes haute, moyenne et basse justice à la seigneurie de l'Assize, et voici ses comfronds : Botans, Sevenans, Bermont, Oye, Baviliers, Banvillars et Argiessans.

Revenus. Le village de Dorans n'a point de revenus de communaux.

Nombre d'habitants, feux et charrues. Dans ce village sont 14 feux et hommes capables de porter armes, 21 charrues ou charriots qui peu-

sents, passés et futurs, et pour le salut des âmes de Pierre de Morimont et de feu son épouse bien-aimée Marguerite de Rosen.

Le seigneur de Belfort conserve toute juridiction sur le territoire du prieuré de Froideval, même le droit de tabellionnage.

D'après un ancien inventaire, les biens du prieuré consistaient, vers 1742, en : 1° une maison qui est attenante à l'église et où le prieur fait sa résidence ; 2° une grange, des chenevières et jardins à côté et autour du monastère ; 3° cent cinquante journaux de terre arable ; 4° vingt-cinq fauchées de pré autour du prieuré et dans les finages des villages voisins ; 5° un curtil près de Belfort ; 6° trois pièces de terre situées sur le territoire d'Andelenans, et contenant ensemble environ deux journaux et demi, 7° trente livres sept sols de rente en argent ; 8° à Botans une rente de huit quartes, moitié blé et moitié avoine ; 9° une rente de deux quartes, moitié blé et moitié avoine, sur les hoirs Estienne de Damjoutin ; 10° une rente de trois coupots moitié froment et moitié avoine sur Jacques Froment de Damjoutin ; 11° une rente de trois quartes de froment sur les hoirs Grosjean Gourmont d'Andelenans ; 12° une rente de six quartes d'avoine sur Rosselat d'Andelenans ; 13° une rente d'une channe d'huile sur les Varrey p'Andelenans ; 14° droit de prendre du bois de chauffage et de construction dans la forêt de Moramont (sentence du bailliage de Belfort en 1731). Voilà les ressources du prieuré. Voici maintenant ses charges : 1° Le prieuré paye annuellement au souverain sept florins et demi pour impôt, et ses fermiers acquittent l'impôt royal à la portion colongère dans les villages où sont situés les biens qu'ils cultivent ; 2° il doit deux florins au curé de Damjoutin pour patronage ; 3° annuellement huit livres de cire au château de Belfort ; 4° une demi-livre de cire à l'église de Saint-Christophe à Brasse ; 5° deux florins pour le dîner du grand maire de l'Assise et des quatre jurés de l'Assise, le jour de la dédicace de l'église de Froideval ; 6° une channe de vin, une miche de pain, un fromage et une douzaine d'œufs aux prudhommes de Damjoutin et d'Andelenans, les deux fois qu'ils se rendent dans l'année en procession à Froideval ; 7° un repas le jour de la dédicace aux bergers des communautés dans lesquelles le prieuré jouit du droit de pâturage.

Il se tient à Froideval une foire le premier jour de mai et le dimanche suivant. Le grand maire de l'Assise a l'inspection de cette foire, et il y fait faire la police par ses sergents. Il perçoit un florin de tous ceux qui vendent du vin à cette foire.

vent servir à la seigneurie; (*desideratur numerus*) manouvriers qui n'ont ny chevaux ny charriots. Chaque feu donne une poule à la seigneurie.

Justice. Ces subjects sont obligez à la justice cy devant dite comme d'autres subjects de la seigneurie de l'Assize.

Dixmes. Le dixme revient avec le dixme de Botans conjointement annuellement environ à 11, 12 ou 13 bichots ; de quoi le premier en prend les deux tiers, et l'autre tiers appartient au chappitre de Montbelliard et au curé, à sçavoir audit chappitre les deux tiers et au curé l'autre tiers.

Novales. Reviennent par commune année à quatre quartes et appartiennent au prince.

Service divin. Sont paroissiens de Bermont.

Forrests et bois. Dans ce finage y a un gros bois de chaisne appelé la *Guemenelle,* — plus un petit bois de chaisnes dit *Lestollany,* — encore un petit bois de chaisnes dit le *Bois du Ban,* se joignant l'un à l'autre. — Ils y prennent mort bois abbattu pour leur chauffage. — Quand on veut batir, la communautey luy marque du bois honestement. — Les amendes leur appartiennent ; elles sont pour le jour de 10 sols. — Plus y a encore un petit bois de chaisne entre Banvillars et Dorans qu'ils paturent par ensemble et y prennent bois pour leur chauffage. — Laquelle communautey des deux villages gage, à celle-là appartient amende.

Chasse et haye. Il y a une petite haye dans le bois devers Banvillars qu'appartient au prince.

Rivière. Comme cy devant est dit.

Subjects étrangers audit Dorans. Dans ce village sont deux subjects qu'appartiennent à la maison de Belchampt. — Ils jouissent de tous les bois et droits de communautey comme les autres habitans du village.— Ils ne donnent rien à la seigneurie de l'Assize, ny taille, ny autres subsides, sinon pour les terres qui dépendent de la seigneurie. — Ils ne donnent aussy point de corvées et veullent estre francs de toutes autres subjections. — Pour les affaires de communautey, ils peuvent estre gagés une fois de la mais (maison) ; autrement ou pour autre dette, ils ne peuvent estre gagés ; ainsy cela se doit faire sur la communautey. — Sur ces deux subjects, la seigneurie de l'Assize n'a pas pouvoir d'ordonner ny desfendre. — Mais il faut qu'ils servent aussy de banwards quand leur tour vient. — Il faut aussy qu'ils comparaissent dans les assemblées de la communautey. — Ils payent aussy les charges de la communautey selon leurs moyens.

TRÉTUDANS.

Le village de Trétudans appartient immédiatement en toute haute, moyenne et basse justice à la seigneurie de l'Assize, et voici ses comfronds : Bourogne, Vourvenans, Chatenois, Oye, Bermont, Sevenans, Moval.

Revenus. Point de revenus.

Nombre d'habitans, feux et charrues. Dans ce village sont 23 feux. — Donne chaque feu annuellement une poulle à la seigneurie. — Sont au nombre de 27 capables de porter les armes ; 16 charrues et charriots qui peuvent servir à la seigneurie ; 4 manouvriers qui n'ont ny chevaux ny charrues.

Dixme. — Le dixme revient annuellement environ à ..... (*numerus desideratur*). Le prince n'y prend aucun dixme. Le gros dixme se réalise par les héritiers Besançon annuellement à environ 7 ou 8 bichots, moitié froment et avoine. — Le chappitre de Montbelliard réalise le sien en particulier annuellement à environ 3 ou 4 bichots. — La chapelle Saint-Georges de Trétudans y a aussy un dixme d'environ 3 ou 4 bichots. — Les héritiers de Thomas Besançon en sont collateurs. — — Les héritiers Degla Deschamps ont ce dixme, un bichot plus ou moins. — Le curé de Bermont y a aussy un dixme qui vaut environ 2 bichots.

Service divin. Il y a une église dédiée à sainte Marguerite, et ils y sont paroissiens. Dans cette église, il y a une chapelle de Saint-Georges, et les plus proches héritiers de Thomas Besançon en sont collateurs. — Ceux de Vourvenans, ils vont depuis quelque temps à l'église, mais ils doivent aller à l'église luthérienne de Dambenois. — Cette église est desservie par un curé de Bermont ; elle est la filiale de Bermont. — Ils sont deux ménandiers qui doivent annuellement rendre compte pardevant l'officier de la seigneurie.

Forrests et bois. Dans ce finage sont trois petits bois de chaisnes et un petit canton de bois daité, qu'ils appartiennent à la communautey. N'y peuvent prendre aucun bois sans la permission de la communautey le mort bois et le bois abbattu. — Quand on veut batir, la communautey ne luy concède de ces bois que 41 pieds : pour le reste, il faut qu'il se pourvoie où il pourra. — Ils boutissent une partie sur les bois de Bourogne. — Les Gageales appartiennent à la communautey.

Chasse et haye. Ces petits bois sont trop rares : n'y a point de haye et point de venaison. — Les subjects sont obligez d'aider à chasser et tesnir les hayes.

Glandage. Quand il y a du glandage, ils y chassent leurs cochons autant qu'on en peut entretenir, et personne n'y contredit.

Rivierre. La prenommée rivierre de l'Assize passe par leur finage.

Subjects étrangers audit village. N'y en a point.

Débats et differends. Ils n'en ont point avec leurs voisins.

SEVENANS.

Ce village est assis et dépend en toute justice à la seigneurie de l'Assize; et voici ses comfronds : Trétudans, Meroux, Leuppe, Andelenans, Botans, Dorans, Bermont. Est à sçavoir que ce village est commun et jouissant avec ceux de Dorans des biens communaux, pasturages et autres, mesme contribue ès communes charges de communautey de Dorans.

Revenus. Il n'a point de revenus annuels.

Nombre d'habitans, feux et charrues. Il sont 7 feux avec celuy du soubmaire, et donne chaque feu une poulle. — Ils sont 9 hommes capables de porter armes. — Il y a 7 charriots ou charrues qui peuvent servir à la seigneurie, compris celle du soubmaire.

Dixmes. Le prince y prend de trois gerbes une, et revient par an communément à 2 bichots. Les héritiers Thomas Besançon prennent la deuxième; et la troisième se partage ainsi : le chapitre de Montbelliard en prend deux et le curé de Bermont la troisième.

Service divin. Ils sont paroissiens de Bermont.

Forrests et bois. Dans ce finage, il y a tout proche les maisons un petit bois de barne qu'appartient aux subjects. — Plus eux et ceux de Trétudans ont par ensemble un petit bois de chaisne en la campagne, entre les deux villages, et partagent également les amendes. Toutefois s'il y a du glandage, ceux de Sevenans ont pouvoir de laisser aller leurs cochons trois semaines avant ceux de Trétudans. — Plus lesdits de Sévenans ont un petit bois de chaisne nommé la *Charme* et leur appartient. Quand il y a du glandage, leurs cochons en jouissent. — Les amendes appartiennent à la communautey.

Chasse. Ils sont obligez de chasser et de tenir les hayes. Les bois sont petits et clairs : y a peu de chablis. Il n'y a point de hayes. — La chasse appartient à la seigneurie.

Glandage. Comme dessus est dit article *Forrests.*

Rivière. La Pie, nommée *Rivière de l'Assize,* passe au bas du village, et est relaissée comme devant est dit.

Subjects étrangers audit Sevenans. N'y en a point.

Différens et débats. Ils n'en ont point avec leurs voisins, sinon contre ceux de Bermont à cause des finages.

LEUPPE.

Appartient sans aucun contredit à la seigneurie de l'Assize avec toute justice; et voici ses comfronds : Moval, Sevenans, Andelenans, Méroux.

Revenus. Point.

Nombre d'habitans, de feux et de charrues. Ils sont 3 feux et doit chacun une poulle ; 3 hommes capables de porter armes ; 2 charriots ou charrues ; le troisième 2 chevaux.

Dixmes. Le curé de Vézelois en a une partie, et la relaisse à qui bon lui semble : elle revient à environ 18 ou 20 quartes, moitié froment et avoine. Le curé de Damjuntin a aussy une partie. Ces deux parties se relèvent avec les dixmes de Damjuntin et Andelenans.

Service divin. Ils sont paroissiens à Vézelois.

Bois et forrests. Dans ce finage, il y a un petit bois de chaisne et daitez. — Ils jouissent du glandage pour leurs cochons. — Les amendes leur appartiennent aussy.

MOVAL.

Appartient à la seigneurie de l'Assize en toute justice ; et voici ses comfronds : Bourogne, Trétudans, Sévenans, Leuppe, Méroux.

Revenus. Rien.

Nombre d'habitans, feux et charrues. Ils sont 3 feux. Chacun doit une poulle par an. — Il y a 4 hommes capables de porter les armes ; 3 charriots ou charrues.

Dixmes. Le tout du dixme de Moval revient annuellement et ordinairement à 4 bichots et appartient au chappitre de Belfort.

Service divin. Ils sont paroissiens de Vézelois.

Forrests et bois. Dans ce finage, il y a un petit bois daitez ; ils y prennent du bois pour leur chauffage. Le glandage et les amendes dudit bois leur appartiennent. De mesme d'un petit bois de chesne appelé la *Houtte.*

LA MAIRIE DE CHEVREMONT.

Appartient sans contredit à la seigneurie de l'Assize, et suivent les villages et subjects en dépendant. Sçavoir : Chevremont.

CHEVREMONT.

Ce village appartient avec haute, moyenne et basse justice à la seigneurie de l'Assize, excepté quelques subjects de la seigneurie de Grandvillars.

Cy après suivent les subjects qui sont assis et habitant dans d'autres seigneuries dépendant de la seigneurie de l'Assize :

Petit-Croix dont une partie.

Audit lieu de Chevremont il se tient une justice qui se nomme le *malpardus,* et la justice se recommence à trois diverses fois, et y est procédé comme s'ensuit :

Le grand maire de l'Assise y est assistant le sceptre et les neuf juges ordinaires. Et faut nécessairement qu'ils comparaissent et soient assis, aussy tous ceux qui sont participans et qui ont des biens de franchise de quelque seigneurie qu'ils soient, et qu'ils soient peu ou beaucoup.

Ces biens de franchise ne doivent ny taille ny rentes ou autres servitudes.

Quand la justice est ainsy assise, le grand maire tenant le sceptre demande sy tous ceux qui doivent être assis sont présents. Alors sy quelqu'un manque, il en est pour trois livres d'amende à la seigneurie de Belfort, quand bien mesme il viendrait pendant que les juges seraient encore assis.

Dans cette année 1573, ils étaient en tout 24 juges en après les parties précédentes.

Et quand quelqu'un a quelque affaire à un autre de quelque lieu qu'il soit, pourvu que ce jour-là il soit à Chevremont, il peut faire convenir et est obligé d'y respondre; que s'il fait défaut, il en est pour trois livres d'amende.

Dans cette justice, ils sont deux avant-parliers, autrement appelés *procureurs,* pour servir les parties.

Quand, dans cette première assize, il s'y donne une sentence et qu'une partie en appelle convié par le juge dedans 24 heures l'affaire pendante à la justice de l'Assize sur l'eau.

Quand ainsy une action ou plusieurs sont entendues, le battenier avec tous les juges se tiennent debout, et après quelque temps, luy et les juges se rassoient et donnent permission aux francs. Aussy en après ils vont disner. Et après disner, la justice sera cy (séante) pour la troisième fois. Et y est procédé dans ces deux dernières fois non plus ny moins qu'à une justice ordinaire et ny assis pour juger à ces deux dernières fois que le battenier et les neuf juges derniers.

A cette mairie de Chevremont appartiennent les villages suivants, à sçavoir : *Chevrémont.*

Fontenelle. La seigneurie de Belfort y a deux subjects, et sur eux et sur les subjects de Hohenfirst habitant la haute, moyenne et basse justice sont subjects à la justice de Chevremont. Doivent aussy dans les bruits de guerre venir à Belfort et la seigneurie de Belfort prend toute amende sur eux, excepté celles sur les biens qui reviennent à MM. de Hohenfirst.

Subjects qui, demeurant dans d'autres seigneuries, appartiennent à cette seigneurie :

Petit Croix. La seigneurie de Belfort y a 9 subjects. Elle a sur eux et le communal, qui est partagé entre les seigneuries, haute, moyenne et basse justice, et y prend aussy toutes amendes.

Bessoncourt. Ils sont 12 subjects. La seigneurie de Belfort a pouvoir d'y establir une justice. Ils sont obligez en tout comme ceux de Chevremont.

Subjection. Crovées. Tous les subjects de cette mairie doivent à la seigneurie de Belfort toutes crovées, excepté ceux qui habitent et dépendent des basses seigneuries. Toutefois ceux-là sont obligez à la garde du château.

Ceux de Chevremont disent bien que ceux de Fontenelle s'y opposent. Ceux de Chevremont doivent ayder à la garde du château.

Secondement quand on bâtit au château, ils sont obligez de mener pierres, bois ou autres matériaux, selon que la nécessité le requiert.

Il doivent aller moudre au moulin de Damjuntin et doivent la voiture des pierres du moulin.

Ces subjects remontrent bien qu'ils ne doivent autres corvées que comme cy devant est dit. Néanmoins jusques à présent ils ont esté un jour à la charrue et semé l'avoine pour M. de Morimont. De plus on les a toujours obligez de faner et amener à couvert les fruits des prez que ceux de Bretonvilliers fauchaient.

Tailles ou redevances seigneuriales. Item les subjects de cette mairie doivent à la seigneurie de Belfort pour tailles ordinaires et qui se relèvent à deux fois dans l'an 33 livres 6 sous 8 deniers.

Contributions. Quand on fait quelques impôts dans le pays, ils sont obligez de payer leur contingente portion.

Mauvais denier. Dans cette mairie, se paye le mauvais denier comme dans d'autres lieux.

Angal. Banvin. Item ils payent annuellement à la seigneurie de Belfort pour le chemin.

Pour le bois. Item ils payent annuellement pour l'argent du bois dans la chancellerie d'Ensisheim.

Espaves. Ce qui est trouvé dans cette mairie appartient à la seigneurie de Belfort.

Vaux (Phal). Les subjects de cette mairie ne doivent aucun vaux. Toutefois sy un étranger ou une étrangère meurt, chacun de ses héritiers est obligé de payer à la seigneurie de Belfort, toutefois ceux qui sont obligez et nourrys en laditte mairie, hormis les bâtards.

Retrait. Quand quelqu'un vend quelque pièce, son plus proche héritier a la rétraction jusques au neuvième degré.

Chevremont.

Le village de Chevremont est comme une mairie sans contredit à la seigneurie de Belfort, avec haute, moyenne et basse justice ; et voici ses comfronds : Bessoncourt, Vézelois, Fontenelle, Pérouse, Foussemagne.

Revenus. Ce village a environ de revenus 140 livres.

Nombre d'habitans, feux et charrues. Ils sont 42 feux, sans comprendre la maison du curé, y compris les subjects des basses seigneuries. Ils sont dans ce temps 57 hommes âgez de vingt années ou davantage ; ils sont 46 d'iceux mariez ; et sont aussy compris ceux des basses seigneuries. — Il y a, sans comprendre ceux du maire, 19 charriots ou charrues qui peuvent servir à la seigneurie, et à sçavoir qu'à cause qu'ils sont faibles, ils se mettent deux pour une charrue. — Ils sont 27 manouvriers qui n'ont ny chevaux ny charriots. — Chaque feu doit annuellement une poulle à la seigneurie.

Office du maire. La seigneurie de Belfort y a estably un maire. De la part de la seigneurie il fait toutes deffences et ordonnances.

La justice et de la coutume. Dans ce village il y une justice ordinaire, laquelle l'officier peut tenir tous les huit jours, si la nécessité le requiert, et se tient ordinairement le lundy de la semaine.

La justice est estably de neuf juges : cinq de Chevremont, un de Grandvillars, un de Bessoncourt et deux de Fontenelle : l'un de la seigneurie de Belfort, l'autre de Hohenfirst et un de Petit-Croix.

Dans cette justice sont deux procureurs qui ne peuvent donner jugement, sont néantmoins assermentez par la seigneurie de verser duement leurs charges et sont subjects de la seigneurie de Belfort.

Appels. Les appellations de cette justice vont à la justice de l'Assize sur l'eau, de là par-devant les neuf bourgeois et conseil de Belfort, et depuis par-devant les officiers de la seigneurie, et après à Ensisheim et Insprück.

Amendes. Quand il y a amende adjugée en cette justice, elle appartient toute à la seigneurie de Belfort, sinon les amendes qui proviennent pour cause de biens de la basse seigneurie à Fontenelle, celles-là appartiennent à la basse seigneurie.

Quand il se commence quelques amendes par ces subjects-là et sur leurs biens pour cause de battures ou paroles, semblables amendes reviennent à la seigneurie de Belfort.

La grosse amende est de 3 livres ; de quoi il advient aux juges 8 deniers et à la seigneurie 53 deniers.

Pour le défaut, il y a 7 sols. En advient au grand maire 5 sols et aux juges 2 sols.

Dixmes. Le dixme revient annuellement à environ 16 bichots moitié froment et avoine, et se partage aussy comme sensuit :

Le curé et les églises en prennent la moitié, et l'autre moité appartient à la seigneurie de Belfort et à M. Vessemberg comme s'ensuit :

La seigneurie de Belfort de cinq gerbes en prend deux et M. de Vessemberg les trois autres. Et l'afferant de la seigneurie de Belfort se paye la moitié en froment et l'autre moitié en épeautre et avoine.

Novales.

Service divin. Il y a une église paroissiale. Concernant la collation, il y a eu **cy**-devant un débat entre le Conseil de Montbelliard et MM. les gouverneur et officiers de la seigneurie de Belfort. Toutefois, après que frater Georgius Gueritté obtint la présentation de l'abbé de Coruels [1] et l'institution de l'esvesque comme le spirituel ordinaire de ce lieu, et suivant ce mis par la seigneurie de Belfort en leur vraye et actuelle possession, ledit frater Georgius Gueritté a depuis, pendant sa vie, toujours possédé et joui de laditte cure sans aucune contradiction, de mesme façon après la mort dudit Gueritté, en l'an 1372, y a esté procédé envers M. Nicolas Martel, touchant la présentation, institution et possession, sans que le susdit Conseil de Montbelliard jusques icy s'y soit opposé. — Cette église a de revenus annuellement environ 2 bichots de froment et 2 bichots d'avoine et 18 livres d'argent.

Bois et forrests. Il y a un assez beau bois la plus partie bois de chaisne. Les habitans du lieu ont pouvoir de prendre du bois pour leur chauffage et le tiennent comme propriétairement. — Quand on veut bastir, on luy en donne huit pièces. Pour le reste, il faut qu'il se pourvoye ailleurs. — Ils sont deux juriés et deux bauwards qui gardent ledit bois. — Quand quelqu'un y est pris, il donne au village de jour 12 batz, et de nuit 2 livres, quand il est du lieu. Pour les estrangers il n'y a point de règle. Il faut qu'ils s'accordent suivant le domage qu'ils font.

Chasse. La chasse appartient à la seigneurie de Belfort sans aucune contradiction. Dans ce bois il n'y a point de haye. Il est aussy fort clair. Il y passe quelquefois des sangliers, mais ils ne s'y arrestent point. Et est à sçavoir que subjects comme les autres, quand il y a du gibier, sont subjects à ayder à chasser pour la seigneurie de Belfort, mais ne doivent payer aucun frais.

Glandage. Ceux de Chevremont mettent leurs cochons au glandage. Et quand il y avait du superflu, ils prennaient des cochons estrangers, et employaient l'argent à leur profit. Mais depuis peu, environ quatre ans, ils ont resquis (*revendication*) de la seigneurie de Belfort.

Rivierré. Il y a deux petits ruisseaux, mais sont à la communautey et y pesche chacun et ne se relaissent point.

Subjects estrangers audit Chevremont.....

Différends et débats avec leurs voisins.....

(Reliqua desiderantur.)

[1] On voit dans le *liber marcarum* de l'évêché de Bâle, dressé en 1441, que Chevremont a une église paroissiale sous l'invocation de l'exaltation de la sainte croix; que dans cette église, qui sert à Chevremont et à Fontenelle, il y a deux autels latéraux : l'un dédié à sainte Catherine et ayant une chapellenie à la collation de MM. Kinglin, à Epert, l'autre dédié à sainte Ursule et aux onze mille vierges et pourvu également d'une chapellenie à la collation du curé et des paroissiens. La collation de l'église de Chevremont appartenait à l'abbé de Corneux, près de Gray (Haute-Saône), et auparavant à l'abbé de Belchamp, près de Montbéliard (Doubs).

TERRIER DE 1742.

MAIRIE DE CHÈVREMONT.

L'an 1742 et le 21 mai, nous, François Noblat, commissaire nommé pour la confection du papier terrier des droits, rentes et revenus du comté de Belfort, ... sommes transporté au village de Chèvremont, chef-lieu de la haute Assise du comté de Belfort, en la maison de Jean-Jacques Paitet, où estoient assemblés par nos ordres les bourgeois et habitants sujets de ladite mairie, auxquels nous avons fait donner lecture des lettres de terrier à nous adressées, des ordonnances par nous données en conséquence, le tout dûment publié où besoin a été, et pour y satisfaire de la part des comparants.

Ils nous ont dit, déclaré, avoué et confessé, comme par ces présentes ils avouent et confessent pour eux et leurs successeurs, qu'ils sont, en leur qualité de sujets de la mairie de Chèvremont et de la haute Assise, vassaux de mademoiselle de Duras, à cause de son comté de Belfort ;

Que la mairie est composée du village de Chèvremont, fin et finage dudit lieu, sans parler d'autres sujets dépendants de ladite mairie ès village de Petit-Croix et Bessoncourt, ensemble les biens et héritages qu'ils possèdent dans les finages desdits lieux de Petit-Croix et Besson-court ;

Que tous les sujets sont astreints envers la seigneurie de Belfort à toutes les mêmes et semblables servitudes, sujétions et prestations que les sujets de la grande mairie de l'Assise sur l'eau, ce qui nous a porté à faire donner aux comparants lecture à haute et intelligible voix de notre procès-verbal dressé à Danjoutin, après laquelle lecture, ils ont derechef reconnu, confessé et avoué qu'ils sont, comme les sujets de la grande mairie de l'Assise sur l'eau, jurisdiciables en première instance en la justice du bailliage de Belfort, tant pour les actions civiles et criminelles, réelles et personnelles, tenus d'obéir à tous décrets, jugemens, sentences, ordonnances et mandemens des juges et autres officiers dudit bailliage, auxquels il appartient dans ladite mairie de Chèvremont toutes jurisdictions pour la police, conservation des bois et autres fonds communaux, l'audition des comptes des revenus des fabriques et ceux des communautés, l'établissement des jurés, bangards, forestiers ou gardes des bois, taxeurs de pain, vins et viande, aborneurs jurés, valets dixmaires, la réception des serments des uns et des autres, comme il est plus amplement détaillé en notre procès-verbal fait à Danjoutin ;

Qu'il appartient à mademoiselle de Duras, en ladite mairie comme en celle de l'Assise sur l'eau, toutes haute, moyenne et basse justice, toutes amendes grosses ou petites, pour quelle cause elles puissent être édictées et à quelle somme elles puissent être prononcées, même pour délits et dégradations dans les bois communaux, sauf en toutes les gageales aux communautés, ainsi qu'il est d'usage et qu'il a été observé d'ancienneté ;

Qu'il lui appartient toutes épaves, confiscations, successions de bâtards, déshérence, trésors cachés, et généralement tous attributs de haute, moyenne et basse justice, tous droits honorifiques dans les églises paroissiales, tant à mademoiselle qu'à ses officiers, ainsi et de la même manière qu'à Danjoutin et Bermont ;

Que tous les sujets de la mairie de Chevremont sont, comme ceux de la grande mairie de l'Assise sur l'eau, attenus au droit d'éminage des halles de Belfort, au droit de scel et tabellionnage, aux corvées, au droit pour l'amas des guenilles à l'usage des papeteries, à celui de la châtrerie, à ceux pour les cabarets, boucheries, bourgeoisie et autres portés en notre procès-verbal fait à Danjoutin, ayant reconnu expressément et d'un consentement unanime lesdits comparants qu'ils sont sujets à tous lesdits droits, et dans les termes qu'ils sont rapportés en notredit procès-verbal et sous les peines mentionnées en cas de contravention, qu'ils s'y soumettent pour eux et leurs successeurs, pour être lesdits droits légitimement dus à la seigneurie de toute ancienneté ;

Qu'il appartient à mademoiselle le droit de permettre les danses ou jeux publics, et en son absence à son grand maire de l'Assise ou autre juge du bailliage, n'étant loisible à personne d'en établir sans permission, à peine de 10 livres baloises d'amende, tous droits de chasse, cours d'eau de rivière, traites des mines de fer et autres métaux, le florin d'héritance, et tous autres semblables droits qu'en la grande mairie de l'Assise sur l'eau ;

Que ladite mairie, chargée de seize livres treize sols quatre deniers pour la taille de mars, et une pareille somme pour la taille d'automne, desquelles tailles les communautés sont chargées en corps de communautés, et se répartissent sur les fonds de ladite mairie suivant des tailliers qui sont dressés de temps à autre aux frais des communautés qui doivent le paiement d'une seule et même main au receveur ou fermiers de la seigneurie ;

Que les sujets de ladite mairie doivent trois livres onze sols huit deniers balois pour le banvin de la seigneurie, qui se répartissent comme les tailles sur les fonds qui doivent y contribuer ;

Que tous et chacun des sujets de ladite mairie de Chevremont, laboureurs, manœuvres, veuves ou filles tenant ménage, doivent une poulle à la Saint-Martin de chaque année à délivrer ès mains du receveur ou fermier de la seigneurie à Belfort ;

Que les sujets de ladite mairie, à Bessoncourt, consistent en un certain nombre de places de maisons, avec leurs dépendances actuellement en état et habitées, ou en masures qui sont inhabitées avec leurs dépendances, lesquelles seront cy après reconnues pièce à pièce ;

Qu'audit Bessoncourt sont d'autres sujets venant de MM. de Montjoye, qui les ont donné par contre-échange de la seigneurie d'Hirsingue, lesquels, depuis cet échange, ont été unis à la prévôté de Belfort. Il en sera aussi fait une reconnaissance particulière ;

Qu'une troisième espèce de sujets de la seigneurie de Belfort audit Bessoncourt sont ceux qui lui appartiennent comme partiaires pour un bien dans la haute, moyenne et basse justice de la paroisse de Phaffans. Il sera pareillement fait une reconnaissance de ces sujets ;

Que dans le village de Petit-Croix sont certains sujets appartenant à MM. de Reynach de Foussemagne, et autres droits singuliers à chaque seigneur, qui seront reconnus particulièrement ;

Que dans le village de Fontenelle est une place de maison dont le sujet y résidant est de la mairie de Chèvremont, tenu, comme ceux résidant audit Chèvremont, à tous les devoirs et prestations envers la seigneurie de Belfort ;

Que dans le village de Chèvremont est un ancien fief appelé le fief de Thavanne, relevant du comté de Montbelliard, néanmoins sous la juridiction de la seigneurie de Belfort, en toutes justices, servitudes et prestations, comme les autres sujets de la seigneurie, à l'exception des corvées dont ils prétendent être exempts, lequel fief est possédé par M. de Brinighoffen, qui jouit des fonds et censives composant ledit fief. Il en sera fait plus ample mention ci-après ;

Qu'il appartient aussy certains biens de fief dépendants de la seigneurie d'Essert à M. de Klinglin, à cause de la dame son épouse, lesquels sont qualifiés biens de teneurs en emphytéose, étant les emphytéotes considérés en tout comme les autres sujets de la seigneurie, à l'exception qu'ils se prétendent exempts des corvées seigneuriales ;

Qu'il appartient à mademoiselle les dixmes anciennes audit Chèvremont pour un cinquième : la moitié d'icelles dixmes se partage entre le curé qui y prend les trois quarts, et la fabrique l'autre quart ; dans l'autre moitié, mademoiselle de Duras prend deux gerbes dans cinq, les trois autres appartiennent aux seigneurs d'Essert ; que les dixmes se perçoivent à la même quotité et de toutes espèces de grains, légumes et chanvre, comme dans la mairie de l'Assise sur l'eau, sans aucune exemption ni franchise de dixmes, à savoir : que les dixmes se perçoivent à la dixième gerbe de toutes espèces de grains, légumes et chanvre, à l'exception du chanvre mâle qui est pour la semence, et d'un journal et demi de champ semé en légumes par chacun de ceux qui sèment ; que les gerbes se rapportent d'un champ à l'autre jusques au dernier du laboureur, auquel, s'il s'en trouve sept de reste et que le dixmaire se trouve le premier, il en prend une ; si, au contraire, c'est le laboureur, il les enlève toutes : s'il y en a huit, il doit en lâcher une pour la dixme. Le laboureur semant un demi journal de navettes seulement, n'en paye point de dixme, mais bien s'il en semait au delà ;

Qu'à raison de cette portion de dixmes qui compète à mademoiselle dans la paroisse de Chevremont, elle n'est tenue à aucun entretien du chœur de l'église paroissiale, fourniture d'ornements, ni vaisseaux sacrés, non plus qu'au presbytère et portion congrue au curé ;

Qu'il appartient à la seigneurie de Belfort plusieurs fonds, dont la reconnaissance sera faite ci-après ;

Qu'au sieur grand maire appartient, à cause de son office sur le finage de Chevremont, un pré d'environ un demi-quart au lieu dit sous Chevremont, les hoirs Thomas Hugenot au levant, la terre d'Essert au couchant, le réel communal au midi et lesdits hoirs Hugenot éliminaient plusieurs quartales en avoine, affectées sur des héritages qui seront détaillés et reconnus ci-après ;

Que le maire de la haute Assise est provisionné par le seigneur à vie ou à bon plaisir, et jouit des exemptions attribuées à son office. Ainsi, et de même que les autres officiers de la terre, qu'il commande les assemblées et y préside, reçoit les ordres pour le service du roi et de la seigneurie, et les fait mettre à exécution. Doivent audit maire, les propriétaires de l'étang Rossive, une livre de cire ;

Que la communauté de Chevremont doit à la seigneurie un cens perpétuel de trois livres onze sols balois, affecté sur un terrain en nature appelé le Magny Bonal, duquel elle jouit de temps immémorial moyennant le payement dudit cens qu'elle a toujours fait exactement à la seigneurie, et qu'elle se soumet de payer à l'avenir comme du passé.

Ont déclaré lesdits comparants qu'ils n'ont jamais payé de demi-coupe de grains qu'ils vendent dans leurs maisons aux habitants du lieu, non plus que de ceux qui se vendent chaque année aux habitants, provenant des dixmes de la fabrique, comme aussi pour ceux que l'on achète pour les semences, et qu'ils ne prétendent point en payer à l'avenir dans les cas ci-dessus, et qu'au surplus ils se soumettent à l'éminage comme les autres sujets de la terre.

Après quoi, nous a été présenté, de la part de la communauté de Chevremont, les personnes de . . ., pour indicateurs des fonds et héritages affectés au cens dû à la seigneurie, de même que des fonds propres, auxquels avons donné le serment[1]... La présente reconnaissance faite sur

[1] Nous supprimons la partie du procès-verbal qui nous paraît sans intérêt juridique.

les déclarations assermentées par les indicateurs et possesseurs des fonds affectés audit cens, lesquels ont promis pour eux, leurs successeurs et ayant cause, de la payer à l'avenir comme du passé chaque année aux maires de la seigneurie de Chevremont, pour en faire la remise au receveur ou fermiers à Belfort.

Lesquels comparants ont signé avec nous. Fait à Chevremont, les jour et an que dessus.

Signé : Noblat, et Bourquenot, greffier tabellion.